**Paris**

Les Editions du Pacifique,
422 Thomson Road, Singapour 1129

© Copyright by **Times Editions,** 1978, 1980, 1986.
Composé en France par Publications — Elysées.
Imprimé à Singapour par Toppan.
Tous droits de reproduction, de traduction ou
d'adaptation réservés pour tous pays.

ISBN : 9971-40-031-6

# PARIS

PHOTOGRAPHIE
ET
MISE EN PAGE
**BERNARD HERMANN**
TEXTE
**JEAN-LOUIS BORY**

LES·ÉDITIONS·DU·PACIFIQUE

# SOMMAIRE

# Le rouge et le bleu

Elle était délicieuse. Des cheveux d'un blanc qu'on ne pouvait comparer qu'à la neige fraîche ; des yeux qui évoquaient la translucidité de la glace métamorphosant un lac en miroir. Double comparaison d'une cohérence d'autant plus irrésistible que cette vieille dame et moi nous nous trouvions dans un salon que devait traverser à très peu près le cercle polaire. Au fin fond du golfe de Botnie et au plus noir de la nuit d'hiver. Elle était Suédoise, je suis Parisien — ça se chante, non ? et sur un air d'Offenbach ? Et cette délicieuse vieille dame suédoise aux cheveux de neige et aux yeux bleu glace murmurait, extasiée, la bouche en cerise, le bleu glace du regard pétillant de scintillations comme un lac gelé touché par le soleil : « Ah, Paris, Paris, Paris... »

Comme un débile profond, je me contentais de hocher la tête en murmurant en retour : « Eh oui, Paris... »

Ce fut alors, dans le salon polaire (latitudinairement parlant, s'entend, sinon, très confortable, très tiède), un concert de soupirs, un festival de regards tournés vers le plafond, un chœur reprenant à l'unisson — encore sur un air d'Offenbach ? : « Ah, Paris, Paris, Paris... »

J'essayais d'aller plus loin que l'acquiescement imbécile. Quoi, Paris ? Pourquoi, Paris ? Quel Paris ? « Ah, susurra la vieille dame neige et glace, ah ! Paris, manger dans le trottoir ! » « Ah, reprit un vieux monsieur dont la raideur distinguée fondait à la chaleur de la seule évocation, ah ! Paris, le Moulin-Rouge, Tabarin ! » Charitable pour les souvenirs de ce monsieur, je me gardais bien de préciser que le Moulin-Rouge ce n'était plus grand-chose et que Tabarin, ce n'était plus rien. Mais que Paris, selon la formule que les vieux casinos et les music-halls parisiens se refilent de saison en saison, de revue en revue, de show en show, de chanson en chanson, Paris c'était toujours Paris.

Et que Paris, juste ciel ! ce n'était pas seulement les cafés-terrasses où les consommateurs assis se mêlent aux passants qui passent, ni les cabarets de Montmartre. Paris est comme Hercule — que la légende compte d'ailleurs au premier rang des fondateurs de la ville. Il a sa tunique de Nessus. C'est sa réputation. Son « image de marque », pour parler nouveau style. Tout se passe comme si Paris était une création du Second Empire et que son histoire se soit bloquée, figée, gelée, lac bleu du pôle, avant la Grande Guerre, celle de 1914-1918. Paris a pris la pose, attention ! le petit oiseau va sortir, c'est Napoléon III et Offenbach, clac ! le petit oiseau est sorti, c'est la Belle Époque.

L'ennui est que Paris a gardé la pose. Haussmann et Viollet-le-Duc, côté Napoléon III ; petites femmes et vie parisienne, côté Offenbach prolongé par 1900. Pour les neuf dixièmes du monde, le joli monsieur de Paris (j'allais écrire le play-boy !) porte toujours la moustache cirée et la jolie dame le derrière en poupe de frégate et la poitrine en balcon. Cette photo a beaucoup jauni mais elle continue de trôner en dessus de cheminée, dans la mémoire et dans les cœurs. Le joli brun et la jolie blonde *made in Paris,* leur sourire se fatigue, mais il tient bon. Ah, Paris...

Au vrai, pareille image est un « cliché ». Mais ce cliché révèle, comme tout cliché. Il ressemble à ces loups de dentelle que portaient les femmes pour aller au bal. Paris s'est masqué pour ce spectacle permanent qui s'appelle la Vie Parisienne, musique d'Offenbach, cet Allemand de Cologne plus parisien que les Parisiens. Fidèle au centralisme jacobin, lui-même héritier du centralisme monarchique, Paris s'est mis, dès le Second Empire, à centraliser la cuisse hospitalière et le mirliton. La voilà capitale d'une insouciance à vivre confondue avec le plaisir de vivre.

Et la confusion demeure lorsque la Ninive Napoléon III se métamorphose sans effort en Babylone modern' style. L'Opéra est enfin terminé. Ses loges, louées à l'année, son foyer de la danse comptent parmi les centres de la vie élégante ; les « habitués » à monocle, œillet blanc à la boutonnière, y font passer aux demoiselles du corps de ballet des revues de détail qui n'ont même plus la danse pour prétexte. Les éternels Boulevards, plus scintillants que jamais ; l'hippodrome de Longchamp ; le chapelet des théâtres, de l'Opéra aux Folies-Bergère, et des cafés-concerts (les caf' conc') : autant de hauts lieux d'une activité qui, pour trinité divine, a sacré l'Amour, le Plaisir et l'Argent, l'argent pour acheter le plaisir que l'on se hâtait de confondre avec l'amour.

S'ajoutèrent Montmartre et sa colline, qu'allait bientôt couronner de sa pâtisserie en massepain romano-byzantin le Sacré-Cœur. Mais ce qui, la nuit, attirait à Montmartre les fêtards, ce n'était pas le Sacré-Cœur, on s'en doute, ce furent les moulins (encore quatre en 1900, aujourd'hui il n'y a plus que le Moulin de la Galette) qui se déguisaient si complaisamment en bals, ce sont les guinguettes — comme *Le Lapin Agile,* dont l'enseigne peinte par André Gill montre un lapin sautant dans une casserole, une bouteille à la patte — ce sont les cabarets comme *Le Chat Noir, le Mirliton* où Aristide Bruant, grand feutre noir, grandes bottes noires, écharpe rouge, chante les servitudes et les misères du petit peuple qui bat le pavé, de la Bastille à la place du Tertre. Mais chut, chère vieille madame délicieuse, c'est le Paris qui grogne et qui peut-être va gronder, entrons plutôt au *Moulin Rouge,* boulevard de Clichy, célèbre par son French Cancan, bas noirs jaillis du bouillonnement blanc des jupons de dentelles, et son quadrille naturaliste (ô

Zola) avec pour vedettes d'étranges créatures trémoussantes comme la Goulue, Grille-d'égout et Valentin-le-désossé, qu'immortalisa Toulouse-Lautrec, le nabot génial.

Et voici que s'inscrit dans le ciel de Paris, comme pendant au Sacré-Cœur de Montmartre, l'étrange silhouette de la Tour construite par M. Eiffel.

Et voici que, sur cette fourmilière du plaisir, la Fée Électricité, grande vedette de la pharamineuse « expo » de 1900, déverse ses Niagaras de clarté. C'est une folie, un feu d'artifice permanent. Paris miroir aux alouettes et aux pigeons.

Sous le ruissellement de ces lumières *a giorno,* de ces musiques entraînantes ou langoureuses, de ces rires, de ces chahuts, de ce frou-frou généralisé qui finit par soulever comme un bruit de grand vent, toute une société frémit, frissonne, dont Marcel Proust, embarqué à la recherche du temps perdu, a subtilement analysé les éléments constitutifs et les métamorphoses. Ah Paris, Paris, Paris.

Ce masque posé dans la deuxième moitié du dix-neuvième siècle sur le visage de Paris, on l'admire encore. Et pas seulement ma vieille dame neige et glace fondant sous le soleil de sa mémoire. Moi aussi je me rappelle. Parisien, je ne le suis que depuis ma dix-huitième année. Mes enfance et adolescence ont été provinciales. Gamin puis jeune homme, j'avais pour Paris les yeux de ma Suédoise. Non que manger sur le trottoir m'étonnât — l'Hôtel du Parc, à Méréville, mon village natal, comporte une terrasse encadrée de fusains en caisse ; ni que les danseuses de Tabarin tourmentassent mes songes. Les grands magasins, où ma mère plongeait avec ivresse comme dans une mer bourrée des plus fabuleux trésors de la flibuste ; l'opulente brasserie où mon père, qui avait été jeune homme puis homme jeune à Paris, nous emmenait par nostalgie de gourmet ; le Châtelet enfin et ses ballets assuraient la relève de la féerie. Ce n'est qu'avec l'expérience de Paris, donc avec l'âge, que le Paris fantasmagorique ne m'apparaît plus que comme le fantôme frileux de ce Paris qui se voulait *fin de siècle* plutôt que *début de siècle* ou *ère nouvelle,* comme s'il prévoyait que tout ce charivari, cette débauche d'une joie un peu fébrile, un peu folle, ne pouvaient aboutir qu'à une catastrophe : 1914-1918.

Les catastrophes, pourtant, Paris en a pris très tôt l'habitude. Comme les Parisiens disent eux-mêmes pour s'inciter à la patience : « Paris ne s'est pas fait en un jour. » De la multitude des jours que compte aujourd'hui l'existence de Paris (assez de jours pour capitaliser plus de deux mille ans), tous n'ont pas été jours de fête.

Et cela, dès les tout premiers début de la ville — encore village. Les poètes ont chanté que Paris était né de la Seine. C'est vrai (les poètes ne mentent jamais). Lutèce (nom dérivé d'une expression celtique signifiant « lieu de marais ») est sortie de la boue du fleuve. D'un archipel d'îles et îlots alluviaux qui offraient le poisson, l'osier et la sécurité de l'escale. Les bras du fleuve se faisaient profonds fossés pour le morceau de terre protégée alors par l'eau comme un navire au large. Très tôt la cité fut assimilée à un bateau. Et même lorsqu'il eut largement débordé sur les deux rives, Paris resta symboliquement cette nef qu'il a placée dans ses armes, accompagnée de cette sereine devise jadis donnée par les marchands d'eau, la plus puissante corporation du Paris médiéval : *Fluctuat nec mergitur,* elle flotte et ne sombre pas. Devise que l'Histoire n'a pas encore fait mentir : tempêtes multiples, nul naufrage.

Par bonheur, la barque n'était pas que de boue. Comment eût-elle essuyé les orages sans couler ? La mer avait longtemps pesé là de toute sa masse. Pendant des millénaires, elle avait accumulé des coquilles, plus précisément un foraminifère, la nummulite (saluons la nummulite, Paris lui doit tant !), qui forma, le temps aidant et peut-être Hercule, un calcaire incomparable, un gypse joliment blanc, futures carrières, après émersion des fonds marins, pour la pierre et le plâtre. Illustre plâtre que le plâtre de Paris, puisqu'on lui doit, outre le matériau pour construire, la poudre de riz des Parisiennes.

Lutèce n'était plus seulement la boueuse, elle devenait la blanche. Et toujours fermement ancrée au fond d'une cuvette, fort justement appelée bassin parisien. De ce bassin, peu d'obstacles contrarient la pente. En poussant légèrement, c'est-à-dire en magnifiant toute taupinière assez prononcée, on peut soutenir que Paris compte sept collines, comme Rome. Montparnasse, Montmartre, Ménilmontant, Montagne Sainte-Geneviève, Colline de Chaillot, Buttes-Chaumont, Butte-aux-Cailles. Mais ces accidents de terrain ne sont que des incidents. Ce relief n'a jamais empêché que, sur un rayon d'entre cent et deux cents kilomètres tout a roulé vers le fond de la cuvette. Et d'abord les routes et leurs voyageurs attirés par ce navire, à la fois port et refuge, placé à la croisée des chemins est-ouest — voie fluviale — nord-sud — voie terrestre. Ce centre de voies romaines entre Rhin et Loire et, au-delà, entre Elbe et Pyrénées, qu'était Paris à une époque où le pouvoir franc s'appuyait sur le Rhin et la Loire, les cartes d'aujourd'hui nous enseignent que Paris l'est resté. Le réseau des chemins de fer français est cette toile de fils convergents dont Paris est l'araignée expectative et gloutonne. Chaque pétale de la rose des vents est marqué par une gare. Gare du Nord pour le nord, gare de l'Est pour l'est, cela tombe sous le sens, gare de Lyon pour le sud-est, gare d'Austerlitz pour le sud-ouest, gare Montparnasse pour l'ouest, gare Saint-Lazare pour le nord-ouest. Et toutes les routes nationales de France et de Navarre ont pour zéro de leur kilométrage l'ombilic inscrit dans le pavé du parvis de Notre-Dame, au centre même du pont de la nef Lutèce.

Et c'est autour de cette croisée des chemins, point d'ancrage du navire, que Paris s'est gonflé à la façon d'un oignon : par pelures successives et concentriques. Ou encore pareil (selon les mauvaises langues) à une fille de joie qui ne s'agrandit que par la ceinture. Et faisant craquer cette ceinture à chaque engrossement : ceinture de l'enceinte gallo-romaine fortifiant l'île originelle, ceinture des rois Philippe-Auguste et Charles V, ceinture du roi Louis XIII, ceinture du roi Louis XVI, dite du mur des fermiers généraux, ceinture des fortifications du petit Monsieur Thiers. Se sont déroulées sur leurs ruines, donc en anneaux également concentriques, des enfilades de boulevards : grands boulevards − Bastille, Opéra, Madeleine, Concorde − à la place de l'enceinte de Louis XIII ; nouveaux boulevards, de la Nation à Passy, par Belleville, Montmartre et l'Étoile, sur la rive droite, et, sur la rive gauche, par Montparnasse, sur l'emplacement du mur des fermiers généraux ; boulevards extérieurs sur l'enceinte de Thiers, ou boulevard des Maréchaux, chacun d'eux portant le nom d'un maréchal de Napoléon.

Paris ne peut plus gonfler. Sur les quatre-vingt-quinze départements de l'hexagone français, il en occupe déjà un à lui tout seul, le 75. Non que Paris soit, à proprement parler, démesuré. Au dernier recensement du 1er janvier 1968, sur les 8 182 241 individus des deux sexes et autres, que représente l'agglomération parisienne, il n'en abrite que 2 581 796. New York, Tokyo, Londres sont de plus vastes métropoles ; Buenos Aires, Changhai, Los Angeles vont bientôt le dépasser. Mais Paris est disproportionné. C'est à cause de Paris qu'existe la plus flagrante disproportion entre le chiffre de la population d'une capitale nationale et celui de la population des capitales régionales. Entre Paris et Lyon, la deuxième ville de France, le rapport est de 8 à 1. Paris a la grosse tête.

Il l'a toujours eue. Même avant que la politique centralisatrice des rois et des républiques n'ait imposé aux provinces l'impérialisme parisien. Déjà François 1er s'émerveillait et soupirait à la fois (comme s'il avait prévu le département 75) que Paris n'était pas une ville, c'était un pays. A plus forte raison lorsque, sous la poussée de l'Histoire et surtout avec le triomphe de la Révolution de 1789, Paris devint la France même. Les étrangers en demeurent médusés.

L'Allemand Henri Heine, au début du XIXe siècle, vécut assez longtemps à Paris pour arriver à cette conclusion que la France n'était que la grande banlieue de Paris. Ce que signifiait Marcel Aymé lorsqu'il affirmait mi-figue mi-raisin : « Quand Paris se sent morveux, c'est la France tout entière qui se mouche. »

Pierre I$^{er}$ dit le Grand, devant la nef devenue galion ventripotent, se montra, lui, franchement raisin vert. « Si j'avais une pareille capitale, j'y serais tenté d'y mettre le feu de peur qu'elle n'absorbât le reste de mon empire. » Les rois de France n'étaient pas loin de partager le sentiment du tsar de toutes les Russies. Paris est non seulement une ville envahissante, encombrante à vocation colonisatrice, mais c'est une ville turbulente. Voilà l'un de ses charmes, le plus périlleux de ses moyens de séduction. Les corsets l'étouffent vite, « les murs murant Paris font Paris murmurant », il les déborde, les supprime pour les remplacer par des promenades élégantes ou populaires. Piquant paradoxe, sinon bien français en tout cas bien parisien, qui veut que Paris siège d'un pouvoir central qui l'accroît, le fortifie, l'embellit, l'enrichit, pour le sacrer tête et cœur du pays entier, soit hostile à ce pouvoir central dont il redoute la tyrannie.

L'air qu'on respire à Paris est facilement un air de fronde. Il sent vite la poudre. Les pavés parisiens, qu'ils aient été de grès ou de bois (propageant alors après la pluie une étrange senteur forestière), ont tendance à sauter comme des puces pour s'échafauder, vite rejoints par des meubles chus des fenêtres, par des voitures culbutées et par des barriques vides, en « barricades » barrant les rues. Ligue, Fronde, 1789 et la suite, 1830, 1848 (deux fois), commune de 1871, charivari de mai 1968 : la barricade semble un phénomène typiquement parisien. Il faut y voir la marque de son impatience et de son ombrageuse susceptibilité

Ne remontons peut-être pas jusqu'au déluge, mais jusqu'à la guerre de Cent Ans. Etienne Marcel, riche drapier et prévôt de la Corporation des Marchands, réclama le premier, à défaut de l'autonomie municipale, un statut libérant Paris de la tutelle royale. Sur la berge de la rive droite de la Seine, sur la grève où les bateaux accostaient le plus aisément pour y décharger leur fret, il aménagea un lieu de réunion et des bureaux où bourgeois et menu peuple étaient invités à venir contester à voix haute le pouvoir du roi : ils « faisaient grève ».

Plus tard, l'Université parisienne, autre puissance sourcilleuse, préféra un roi anglais, Henri V, puis un régent londonien, Bedford, à un roi français (le dernier en titre, il est vrai, Charles VI, incompétent et fou, avait plongé la ville dans l'horreur de la guerre civile entre Armagnacs et Bourguignons pour l'abandonner ensuite au despotisme peu supportable des tueurs des abattoirs). La rancune conseilla aux rois de France de préférer à la Seine la Loire, et au Louvre sombre et puant les merveilles de grâce et de lumière des châteaux de Touraine et d'Anjou. Contre Paris, après les turbulences parisiennes de la Fronde, Louis XIV élut Versailles. Louis XV et Louis XVI agirent de même. Aussi un des premiers gestes de la Révolution victorieuse, tout de suite après la démolition de la Bastille, consista-t-il à courir à Versailles ressaisir le roi, la reine et le daùphin pour les tenir à Paris en résidence surveillée.

Conséquence : le drapeau tricolore, bleu-blanc-rouge, appelé à la fortune que l'on sait, réunit les couleurs de Paris, le bleu et le rouge, encadrant, emprisonnant le blanc royal débarbouillé de ses lis d'or.

L'Empire a compris la leçon. Napoléon a réinstallé le pouvoir à Paris. Il a boudé Versailles pour les Tuileries. Les rois restaurés suivirent cet exemple — et en pâtirent : Paris fit rouler leur couronne dans le ruisseau de ses rues. Napoléon III se le tint pour dit. Le premier coup de pioche du préfet-baron Haussmann annonça l'assassinat du vieux Paris frondeur. De larges boulevards complétant les boulevards existants, de vastes places-carrefours, des avenues dégagées percèrent de part en part les anciens quartiers, effacèrent de la carte les ruelles médiévales, les masures et les hôtels du passé. Simple affaire de respiration, plus large ? Non. Sans doute voulait-on faire grand, faire beau. Au vrai il s'agit d'une mesure d'ordre. Mettre hors d'état de nuire le Paris des émeutes. la capitale des révolutions. La largeur des avenues rendait les barricades impossibles en même temps qu'elle favoriserait les charges de cavalerie et faciliterait, des gares aux casernes (regardez attentivement le plan de Paris), le transport des troupes. Avec les terrassiers de M. Haussmann, Napoléon III mettait à Paris plus qu'un masque souriant : une muselière.

Comme le masque, la muselière tient toujours. Les Républiques, trois, quatre et cinq, se sont couchées dans le lit des rois et des empereurs. À Paris, certes — à l'Élysée, au Palais-Bourbon, au Palais du Luxembourg — et sous les trois couleurs nées de victoire de Paris sur l'État monarchique. Mais dans un Paris muselé. En tutelle. Plus que jamais. Quand, par la Commune, en 1871, Paris essaya de donner une solution parisienne au problème politique français posé par la victoire allemande et la ruine du Second Empire, la répression fut terrible : plus de victimes à Paris en une semaine que la Révolution dans toute la France pendant six ans.

Il a fallu attendre 1977 pour que Paris, enfin, ait droit au régime municipal de n'importe quelle autre ville française.

Mais, délicieuse dame du cercle polaire, sous le masque qui ne se veut plus muselière, quel visage aujourd'hui ? De ce décor tout en lumières et en musiques, quelles coulisses ?

*Comme Paris à vol d'oiseau ou à vol
d'ange, Paris, vu du travail
d'ouvrier-peintre repeignant la Tour Eiffel,
incite d'abord au vertige. (Double page
précédente.) La coupole et la tour.
Le dôme et le building.
Saisissant contraste où le vertige du raccourci
historique le dispute au coq-à-l'âne esthétique.
Mais faudrait-il que Paris,
figé dans sa splendeur passée,
ignore l'architecture moderne ?*

Pareil télescopage historique et architectural entre Notre-Dame de Paris et le centre Beaubourg. Mais, moins arrogant que la Tour Maine-Montparnasse, le centre Beaubourg, revenant au thème de la coupole, se garde de tout élan par trop vertical. On sait aujourd'hui que Paris est une ville horizontale, largement déployée sur les deux rives de la Seine, où flotte la cité-nef, à la poupe arrondie.

Les jardins aménagent des espaces pour le repos, la promenade, le soupir à deux, la contemplation. Des jardiniers, avec des chapeaux de jardinier comme tous les jardiniers du monde, apprivoisent des fleurs. Gazon tondus, massifs géométriques, symétrie des feuillages : la Nature se tient sage. Elle ne peut oublier qu'elle se trouve en ville, ne serait-ce qu'à cause des réverbères. Les lumières éteintes, le réverbère reste à la fois commode et nécessaire à l'établissement des perspectives. Devant la perspective du Carrousel, le jeune couple rêve-t-il aussi d'un avenir aussi superbement rectiligne et se terminant sur une apothéose ? Et (double page suivante) ce couple d'amoureux japonais veut-il éterniser un instant d'accord souriant saisi sur une place célébrant la concorde ? (Double page précédente) Mât de la nef, la flèche de la Sainte-Chapelle suscite à l'horizon, par-dessus fleuve, ponts, jardins, palais, arc triomphal, la réplique verticale des gratte-ciel de la Défense.

C'est sous cet éclairage inséparable du
spectacle, même en plein jour, que Paris mêle
l'histoire et le folklore, le grandiose et le
populaire. Le garde républicain immobile sur
son cheval rêve à son lointain prédécesseur
carolingien. Les pompiers en tenue de travail,
le marchand de journaux dans son kiosque, le
voyageur de première dans le métro, les
anciens combattants béret sur le crâne et
drapeau au poing et l'élégante Parisienne,
avenue George-V, passant indifférente devant
des flics; c'est le théâtre quotidien de Paris.

*Les jours de fête ou d'émotion populair*
*comme pour la fête du travail du premier ma*
*la scène s'élargit, les personnages s*
*multiplient, mais le théâtre reste le même —*
*colonne de la Bastille et la station de métr*
*remplacent seulement la statue d*
*Charlemagne et l'avenue George-*

# Présence du passé

Paris de la mémoire. Et voilà d'abord à quoi tient la grandeur de Paris : la grandeur de son passé, partout visible puisque partout présent. Et peu importe que, selon la conjoncture et la péripétie, les statues déménagent ou disparaissent, et que les appellations changent — la place Louis XV, par exemple, où Paris guillotina Louis XVI, finissant par devenir, dans un élan de réconciliation nationale et définitive, la place de la Concorde. Paris est un abrégé de l'histoire de France. Fondateur musclé de la cité, puisque, en route vers le jardin des Hespérides, il rassembla les Parrhasiens des monts d'Arcadie pour les établir au pied de la Butte Montmartre où il les baptisa Parisii, Hercule est toujours à Paris. Porte Saint-Martin : il y plastronne en perruque Louis XIV et massue au poing (à moins que ce ne soit Louis XIV qui parade en Hercule gaulois ?). Dressée sur une pile de pont en amont de la poupe de la Cité-Nef, Sainte Geneviève, patronne de la ville pour l'avoir jadis sauvée de l'agression des Huns déferlant d'Asie, guette inlassablement l'apparition d'envahisseurs barbares entre les gares de Lyon et d'Austerlitz.

Les rois et les empereurs se sont méfiés de Paris — non sans raison. Ils n'ont cependant pas cessé de le parer. Bien qu'il refusât obstinément d'y vivre, Louis XIV le fit profiter de sa passion pour les bâtiments. Louis XV nuance de grâces exquises l'harmonie volontiers solennelle du classicisme louis-quatorzien. L'Empire, tout à sa rêverie de Rome, multiplia les arcs triomphaux, les colonnes et les aigles. Le Second Empire, guerrier et fêtard, militariste et bambocheur, immortalisa le zouave au pont de l'Alma, et la danseuse à l'Opéra. Conservateur en politique et en monuments historiques, il ordonna — bonjour Monsieur Haussmann — et il restaura — bonjour Monsieur Viollet-le-Duc. La Troisième République, mercantile et moderniste, donna beaucoup dans les halls d'exposition, grand et petit palais ; elle planta la Tour Eiffel comme phare de la technique industrielle dernier cri ; elle encombra carrefours, places et squares d'une bimbeloterie monumentale mêlant chevaux cabrés, dames gesticulantes et dévêtues, candélabres bourgeonnant de globes en grappes. Quant au vierge, vivace et bel aujourd'hui, le paquebot-usine où, selon toute apparence architecturale, on raffine la culture comme du pétrole, le Centre Beaubourg offre aux Parisiens l'ultime avatar de leur nef.

Par sa présence dans la ville, l'Histoire révèle ce trait, qui est l'autre raison de la grandeur de Paris : Paris est une pensée. Cette pensée nous la connaissons. Nous l'avons vu naître avec Lutèce, à la croisée des deux grandes voies orthogonales et par cercles concentriques se développant autour du noyau central confondu avec la nef originelle.

Tout piéton de Paris, même s'il se trouve en bateau-mouche, piéton des ondes, remarquera que, de l'orient à l'occident, la voie est marquée par des jalons verticaux soulignant la marche de Paris vers l'ouest, comme s'il s'agissait de baliser la lente descente de la nef vers la mer.

Fabuleux signes de piste. Le donjon de Vincennes, à l'orée du bois du même nom, fier donjon (les donjons sont toujours fiers, par vocation) de ce qui fut, au prix d'une piquante gymnastique à rebrousse-temps, le Versailles du Moyen Age. Les deux colonnes du Trône, place de la Nation, où se mêlent, en un de ces télescopages historiques dont Paris a le secret, le souvenir de Saint Antoine patron de la séculaire foire aux pains d'épices, qui se tient à Pâques et où l'hommage à Saint Antoine est perpétué par la tradition du cochon en pain d'épices que vous pouvez, encore aujourd'hui, faire baptiser, en sucre et par une attention aussi délicate que comestible, du nom de la personne de vos pensées ; le souvenir du roi Louis XIV faisant, accompagné de sa jeune épouse, l'infante Marie-Thérèse, son entrée dans sa « bonne » ville de Paris et recevant là, sur un trône élevé pour la circonstance, les hommages de ses sujets ; le souvenir de la guillotine, dont le couperet sanglant montra au monde que la « bonne » ville de Paris n'était pas toujours aussi bonne que cela ; le souvenir de Napoléon I$^{er}$ qui rêvait de faire commencer là une voie triomphale qui eût rejoint en droite ligne la place de la Bastille au Louvre et, à travers Louvre et Tuileries, la perspective déjà triomphale qui monte jusqu'à l'Arc de l'Etoile ; le souvenir du premier quatorze juillet promu fête nationale (1880) pour lequel la place du Trône devint place de la Nation ; la présence enfin de la République dont un monumental bassin, attelage de lions, globe terrestre, nudités diverses éventées par le souffle de l'Histoire, célèbre le triomphe.

Après la Colonne de la Bastille, attention, arrêt. C'est la croisée des chemins. Les signes s'y bousculent. Sur l'emplacement même du temple païen et du palais du gouverneur romain, à ce point berceau et cœur de la ville qu'il n'a pas cessé de s'appeler la Cité, se réunissent les trois pouvoirs matérialisant les trois vertus Foi, Justice et Charité. L'Eglise, le Tribunal, l'Hôpital. Notre-Dame, le Palais de Justice doublé de la Préfecture de Police, l'Hôtel-Dieu. Avec, pour jalons verticaux, les deux tours de Notre-Dame et la flèche en dentelle de la Sainte-Chapelle. Presque en face, siège du pouvoir municipal, le parloir gothique d'Etienne Marcel et de ses échevins a été remplacé par un palais Renaissance, comme si Paris, se trompant de fleuve, avait pris la Seine pour la Loire.

La Tour Saint-Jacques, la colonne de la fontaine du Châtelet assurent le relais entre la colonne de la Bastille et la colonne de la place Vendôme. Mais restons encore un peu ancré à la croisée des axes. Le temps d'un zoom avant sud-nord vers la basilique abbatiale de Saint-Denis, entre portes Saint-Denis et Saint-Martin (bonjour Hercule), entre gares du Nord et de l'Est, au-delà du Sacré-Cœur de Montmartre ; et d'un zoom arrière nord-sud vers Saint-Pierre-de-Montrouge par le Panthéon et par la Fontaine de l'Observatoire. Et puis levons l'ancre vers le couchant. Le soleil, pour mourir, nous attend sous l'Arc de Triomphe. Colonne Vendôme. Arc du Carrousel. Obélisque de Louqsor. Et voilà l'Arc, au cœur de la place de l'Etoile, au sommet de l'avenue des Champs-Elysées. Rive gauche, à bâbord, nous avons laissé le dôme de l'église des Invalides, coupole du Grand Roi abritant le sarcophage du Grand Empereur. Et la Tour Eiffel, que les poètes ont sauvée de l'indignité de l'objet mécanique en la voyant bergère d'azur tricoteuse de nuages. Et puis c'est la Défense, ses gratte-ciel qui font succéder à la rêverie de l'Egypte et de Rome celle de New York.

Quel théâtre ! Et pas seulement pour les « Sons et lumières » de la méditation en costumes d'époque. Le propre des traditions est de livrer intact jusqu'à aujourd'hui l'héritage du passé. En marge de toute information légendaire, les traditions aident certaines manières de penser, de sentir, de faire, d'agir à travers les siècles. Elles en assurent de régime en régime, de règne en règne, de génération en génération, le relais matériel en même temps que la transmission immatérielle. C'est sur ce théâtre qu'est Paris-sur-Histoire, et avec les éclairages convenables, que se déroulent les événements de cette vie de Paris, qui n'est plus seulement la vie parisienne et dont les manifestations sont précisément modelées par les traditions.

Et d'abord les cérémonies de la vie de l'Etat avec participation du public. Ville-mère des trois couleurs et du 14 juillet, Paris a le cœur tricolore. Il mêle les flonflons et la cocarde. Il pousse même le goût des fastes officiels jusqu'à applaudir, lui républicain dans l'âme, les souverains dès qu'ils sont étrangers. Même s'il les brocarde avec irrespect, il demeure sensible à des rites ou à des coutumes qui le flattent et parfois le touchent.

Parmi les institutions respectables, vénérables, considérables — et qu'il lui arrive de respecter, de vénérer, de considérer — Paris s'est empressé de ranger celles qui assurent à leur tour cette joie de vivre à Paris savourée par ceux qui en ont les moyens. Les plaisirs de s'habiller à la mode et de déguster des plats cuisinés dans les règles, Paris les a élevés depuis belle lurette à la dignité de beaux-arts. Il met en œuvre la richesse des provinces pour la plier à ce goût parisien traditionnellement confondu avec le bon goût français. Cette expérience plusieurs fois centenaire et qui fait sa force et son prestige, il est le premier à l'estimer art infaillible. La formule d'une sauce, le pli d'une robe, la ligne d'un meuble, la décoration d'une boutique de haute couture ou d'un bijoutier célèbrent encore son triomphe.

Qu'importe la pluie ! Elle fai briller le pavé des Champs-Elysées comme le parquet cir d'une piste de danse. S'y déroule, sur une musique appropriée, le ballet cadencé des saint-cyriens. Le 14 juille est entré dans l'Histoire de France comme date anniversaire de la chute de la Bastille. Le 14 juillet 1789, e effet, Louis XVI régnant, le peuple de Paris s'emparait de cette prison royale, qui ne se défendit guère. Carrière de pierre avant de devenir symbole républicain, la Bastille ruinée fit d'abord la fortune des démolisseurs. Pu par suite d'une promotion datée de 1880, la Troisième République fonctionnant, ell fit désormais les belles journées de notre fête nationale.
(Double page précédente) Qui dit fête nationale, à Par comme ailleurs, dit parade militaire, défilé des troupes. Cavaliers par escadrons, marins par tourbillons, généraux par poignées, élève des grandes écoles en rang p quatre, c'est un joli mélange crinières, de pompons, de képis, de plumets. Paris lui prête son décor prestigieux.

ui peut oublier que l'Arc de Triomphe est
e tombe ? Dans la commémoration
lennelle, compte moins le rappel de la
ctoire que le souvenir des deuils et des
uffrances. Paris est une ville qui n'a pas la
émoire courte. Comment le pourrait-elle ?
s pierres se souviennent pour elle.

*Encore du plumet. Ce garde, c'est
République protégeant le palais de s
président, l'Elysée. Car le pouvoir républicai
à la différence des rois, ne craint plus Par
Le Sénat est installé au Palais d
Luxembourg, l'Assemblée Nationale siège a
Palais Bourbon. Solennelle, la Justice est
deux pas : l'Exécutif et le Législat
sous l'œil du Judiciair*

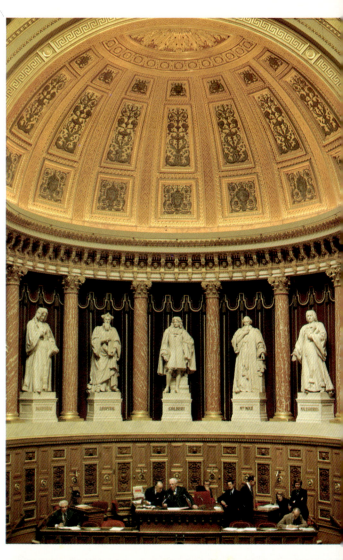

*Toujours du plumet. Ce n'est plus pour honorer la force militaire ou le pouvoir politique, mais la suprématie intellectuelle — du moins en théorie.*
*Ancien palais Mazarin devenu palais de l'Institut par la grâce de Napoléon, cette noble architecture abrite les cinq Académies, la Française (la doyenne, créée par Richelieu en 1635), les Inscriptions et Belles Lettres (1663), les Sciences (1666), les Beaux-Arts (1795), les Sciences Morales et Politiques (1832). Sa coupole rayonne d'une gloire si vive qu'elle est devenue la Coupole, symbole de l'Académie Française. Faut-il conclure de ces habits verts, de ces épées et bicornes et de cette pompe hiérarchisée que la pensée s'y met en uniforme. Le rayonnement (double page suivante) se fait ici incontestable. Il s'inscrit dans la pierre de la cathédrale Notre-Dame, il éclate en rosaces de couleurs, il illumine les cérémonies.*

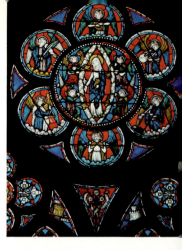

L'Académie nationale de Musique s'est logée à l'Opéra. Est-ce encore aujourd'hui le plus grand théâtre du monde ? Son architecte Garnier, qui rêvait de créer un style Napoléon III s'opposant aux pastiches d'œuvres anciennes (il a réussi), a dessiné 33 kilomètres de plans. L'Opéra mesure 172 mètres de long, 101 de large, 11 hectares de superficie. Sa scène a 15,60 m d'ouverture sur 32 m de profondeur. Il compte 19 kilomètres de couloirs. Son lustre pèse 6 tonnes et demie. Le Grand Escalier participe à ce point du spectacle que, même lorsque les danseurs dansent ailleurs — dans la Cour Carrée du Louvre, par exemple — ils en reconstruisent, pour leur décor, l'échafaudage exemplaire.

*Autre escalier (double page précédente), celui d'u[ne]
maison de couture, Chanel. Les trois mannequins
semblent pris au piège de leur propre reflet multiplié.
Paris, la fête n'est pas seulement célébratio[n]
cérémonie, faste ou gala. Elle peut être « partie fine
« noce » ou « bamboche ». Cette vie parisienne-là a s[es]
temples : restaurants, cafés, bars, cabarets, boîtes pl[us]
ou moins chics, sélects ou snobs. Certains d'entre e[ux]
jouissent d'une renommée internationale. Si [le]
portefeuille le permet, ils se visitent comme la To[ur]
Eiffel ou les Invalide[s].*

Qu'il s'agisse de Maxim's, d
Grand Véfour ou de la Tour
d'Argent, nourriture et boiss
y relèvent d'un art, la
gastronomie. Cet art a ses
artistes pour qui la surveilla
des vins exige tant d'attentic
que les cavistes déjeunent da
la cave, et que la pincée
d'herbes incorporée à une
sauce ou le degré de cuisson
d'une langoustine inspirent a
cuisinier la même inquiétude
qu'au peintre telle tache de
couleur ou tel accord au
musicien.

*La Mode, l'Elégance, le Luxe sont l[es]*
*scintillantes et fragiles divinités au cu[lte]*
*desquelles Paris demande que l'on consac[re]*
*beaucoup de son temps et encore plus de s[on]*
*argent — si l'on dispose, bien sûr, de l'un et [de]*
*l'autre. Paris se fait alors le haut lieu de dive[rs]*
*raffinements dont l'exercice exige autant [de]*
*minutie que d'application. Le Grand Prix [de]*
*Lonchamp[s]*

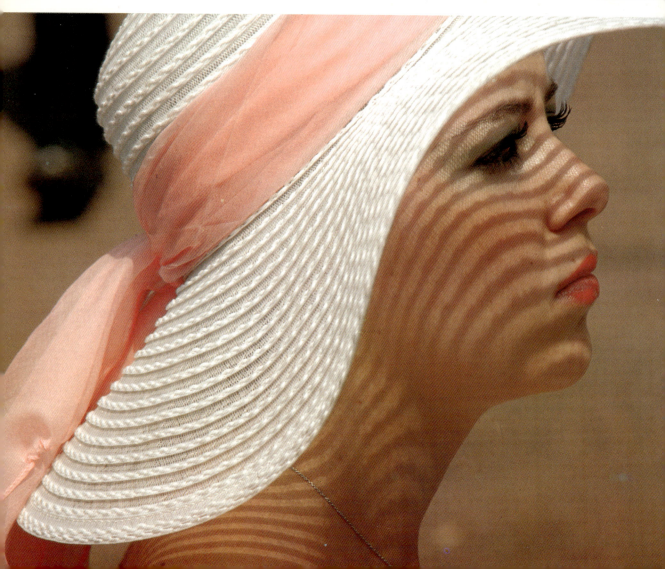

... l'exposition des roses au château de Bagatelle, un déjeuner au restaurant de la Grande Cascade au bois de Boulogne, une partie de polo offrent des plaisirs réservés. L snobisme n'a rien à voir ici. Mais le chic. Boire une eau minérale à la terrasse du Fouquet's Champs-Elysées c'est chic. Comme est chic (double page suivante) la promenade à cheval entre les quatre pattes de la Tour Eiffe

# Le collège des muses

Ville Lumière, comme on dit. Affaire de rayonnement. Sans doute s'est-il agi d'abord d'une lumière matérielle, produite par des moyens d'éclairage déterminés. Il convient cependant, parlant de Paris, de donner à la lumière un sens moins technologique. La lumière dont Paris rayonne relève moins du watt et de l'ampère que de la matière grise. Plus que Ville Lumière, Paris est ville des lumières, de la même façon et dans la même acception que les philosophes du XVIIIe siècle ont baptisé leur siècle « siècle des lumières ». Sourcil noué, poing au menton, coude au genou, orteils crispés, le Penseur de Rodin, qui est chez lui à Paris, offre la représentation tourmentée de Paris qui cogite.

La féerie des grands magasins chers à maman, des brasseries chères à papa et du Châtelet cher à mon cœur m'a bien séduit jusqu'à l'âge de douze treize ans, pendant lesquels se sont limités là mes rapports réels avec Paris (je ne parle pas du Paris de mes rêves). Très peu d'années après, je devins Parisien par le Quartier Latin. Ce Quartier glisse du haut de la Montagne Sainte-Geneviève jusqu'à la Seine et son artère centrale, qui fut longtemps la rue Saint-Jacques (empruntée par les pèlerins de Saint-Jacques de Compostelle), est désormais, merci Monsieur Haussmann, le boulevard Saint-Michel dit le Boul' Mich.

Pourquoi latin ? Parce que, sur cette pente de la rive gauche, les Romains s'établirent parmi les figuiers et les vignes (rêvons un peu) pour surveiller l'île-nef de nos ancêtres les Gaulois de Lutèce. Arènes et thermes le prouvent par leurs ruines. Ensuite, parce que ce quartier devint le quartier des écoles et qu'il est resté celui des grands lycées et des facultés. Professeurs et étudiants y parlaient la langue des clercs, le latin, qui devait rester la langue officielle de l'enseignement jusqu'en 1789. C'est en pensant à ce Paris-là qu'Innocent III, pape du XIIe siècle, comparait la capitale du royaume français à un four où le pain du monde entier était cuit. C'est à ce Paris-là que Dante vint étudier à la fin du XIIIe siècle au milieu de 15.000 « écoliers ». Dans l'ombre des églises, les collèges poussaient comme champignons après la pluie.

Mais la culture à Paris n'est pas qu'universitaire. La lumière n'y est pas que professorale. Heureusement. Le Penseur-Paris ne se contente pas de discuter, commenter, critiquer, analyser, enseigner. Il ne se contente pas de conserver pour montrer et transmettre — je renonce à énumérer les musées en tous genres où l'on range, étiquette, épousette des sculptures hellénistiques, les peintures de l'école italienne, les porcelaines chinoises, les masques d'Afrique Noire ou les toiles impressionnistes. Paris crée. Ce n'est pas pour des prunes qu'une des sept collines de Paris s'appelle le Mont Parnasse. Descendu de ce mont et conduit par Apollon en personne, le collège des Muses au complet s'ébat avec les nymphes sur les rives de la Seine. Je le sais, je l'ai rencontré. Clio, dans une ville où chaque pierre parle d'histoire, se promène chez elle : la science de l'Histoire y devient même un art puisque architecture, peinture et sculpture en sont les moyens d'expression. Euterpe, pour la musique, et Terpsichore pour la danse, hantent l'Opéra et la multitude de salles de concert et de danse et de conservatoires et d'écoles, et pourquoi pas (imaginons Euterpe en jeans et Terpsichore en collant ou tout bonnement nue comme Apollon aime ses muses dans la vérité du Parnasse) les music-halls et les cafés chantants et dansants et accordéonisants et guitarisants. Thalie pour la comédie et Melpomène pour la tragédie, saluons-les dans tous les théâtres subventionnés ou non par l'Etat, théâtres de boulevard et cafés-théâtres où l'on piétine allègrement les convenances et habitudes dramatiques et autres. Uranie trône à l'Observatoire où, siégeant avec une constance sans défaillance au bureau international de l'heure, elle veille au temps comme le marin veille au grain. Calliope l'éloquente ne quitte le Palais de Justice où elle inspire les Cicéron du barreau que pour les palais des Démosthène politiques. Quant à Erato et Polymnie, enfin, l'élégie et le lyrisme, elles sont partout, elles sont dans l'air, dans le soupir de l'accordéon, dans le sifflotis de l'ouvrier sur son échelle, dans le duo des amoureux sur un banc de square ou derrière un massif du Jardin des Plantes.

On constate d'ailleurs que neuf muses, pour Paris, c'est trop peu. Même si l'on songe que, depuis une certaine séance de cinématographe dans une cave de café sur les Grands Boulevards, Paris a créé avec le consentement d'Apollon une dixième muse. A compulser un de ces magazines hebdomadaires où sont répertoriées les activités culturelles de Paris, la tête vous tourne. Sans doute tout ne relève-t-il pas, à franchement parler, de la culture. Mais, après tout, au nom de quel critère écarterais-je de la culture parisienne le souper fin, le spectacle de cabaret, le défilé de haute couture ?

Paris a toujours fonctionné comme pôle d'attraction — ah Paris. La Ville Lumière agit comme la lampe sur les papillons de nuit. Ou comme l'aimant sur la limaille de fer. Pourquoi ? Parce que les idées à Paris sont dans l'air, prétendait Balzac, « elles vous sourient au coin de la rue, elles s'élancent sous une roue de cabriolet avec un jet de boue ». Moins aimablement pour Paris mais non sans justesse car Paris, pompe aspirante et peu refoulante, vide la province de son sang ; Valéry traitait Paris de camp de concentration auquel était voué tout Français qui se distingue.

Il semble qu'Apollon musagète et son troupeau sacré préfèrent la rive gauche. Ne serait-ce que pour la proximité du Mont Parnasse ? Ou faut-il parler d'un esprit rive gauche, sel de la culture parisienne ? Je serais tenté de répondre par l'affirmative. Le Quartier Latin pèse d'un poids énorme. Lors des événements de mai 1968, où la France faillit connaître une espèce de révolution culturelle, la Sorbonne joua le rôle conjugué de Mecque et de Kremlin, de Jérusalem délivrée de l'idéologie dite dominante et de Vatican du gaullisme intellectuel. On y vilipendait allègrement le vieux monde et la classe au pouvoir. Respectant en cela une tradition qui veut que, au Quartier Latin, à coups de monômes ou de "manifs" on ait toujours terrorisé le bourgeois et très souvent manifesté à l'égard du pouvoir une insolence rigolarde. Au temps d'Henri III et de ses mignons, les étudiants en cortège, le cou encerclé d'une énorme fraise en papier, arboraient des pancartes proclamant : « A la fraise on connaît le veau. »

Montmartre, avec son pittoresque encore villageois, avec cet air de liberté qui souffle traditionnellement sur le territoire de cette « commune libre », attira artistes et poètes qui abritèrent sur les pentes de la butte leur vie de bohème. Et puis artistes et poètes retraversèrent la Seine vers Montparnasse. Les y rejoignirent des étrangers venus des quatre coins du monde mais pas pour faire la noce. Ils rappelèrent que la vie parisienne n'était pas qu'une bamboula voyante, bruyante, un peu vulgaire, mais qu'elle pouvait être une « école » où tout individu apprenait à satisfaire par l'art, autant que le lui permettaient ses propres forces, les exigences de son esprit et de son cœur.

A cette « école de Paris », l'art et l'esprit de liberté poussé parfois jusqu'aux aspirations révolutionnaires se mêlent radicalement.

Le miracle de la culture à Paris, c'est que tel endroit ouvert à la bohème internationale devient très vite un endroit très parisien. Les cafés de la rive gauche détrônent les cafés chics de la rive droite. La Rotonde, le Dôme, la Coupole à Montparnasse poursuivent le rôle jadis tenu par les estaminets du Quartier Latin. Le Flore, les Deux-Magots prolongent Montparnasse par Saint-Germain-des-Prés.

Et demain ? La culture vivante et ses peintres, ses sculpteurs, ses musiciens, ses comédiens, ses poètes, ses écrivains vont-ils retraverser la Seine pour s'installer autour du nouveau centre d'attraction du plateau Beaubourg, en liaison avec le Marais échappé à l'assassinat par la pioche perpétré par Haussmann ? Dans cet espoir, l'Etat a déménagé les Halles. Sacré appel d'air que ce forum possible. Mais il appartient à Paris, et à Paris seul, d'y répondre. En attendant, les Halles émigrées vers la proche banlieue ont légué leurs rats à Paris.

Il fut jadis le palais des rois. Il est aujourd'hui un extraordinaire entrepôt où s'accumulent, venus des quatre coins du monde et du bout du temps, les trésors de la création artistique humaine. C'est le musée du Louvre. La Vénus de Milo, un sarcophage d'Egypte, une femme de Maya s'y exposent sereinement à la caresse de regards innombrables. Ils vivent de cette caresse.

L'art s'apprend. Et le plus tôt est le mieux. Rude école que celle de la danse à l'Opéra. La discipline et l'effort s'y traduisent en souplesse et en harmonie. La grâce musicale du geste est à ce prix. De ces « petits rats » que l'on surprend au travail, laquelle sera plus tard une étoile ? Est-ce le mystère de la femme-étoile enfermée dans un corps de fillette qui troublait Degas ?

Paris n'a pas oublié que,
originellement, le théâtre et le
concert étaient affaire de plei
air. Dès que la clémence de l
belle saison le permet, les
tréteaux des baladins se
dressent sur le pavé des rues,
les musiciens se réunissent ur
peu partout, dans la cour d'u
hôtel du Marais, ou dans les
ruines des thermes de Cluny.
Le ciel, alors, sert de voûte.
Mais il faudra toute la ferveu
du public pour ressentir la
fabuleuse envolée verticale qu
les ogives de la Saint-Chapel
savent inspirer à la musique.

A côté de l'artiste, il y a
l'artisan. L'art est alors un
métier. Mais qui peut définir
l'écart qui les sépare ? Et
d'abord y a-t-il écart ?
Sculpteur sur ivoire rue
Bonaparte, graveur sur cristal
que l'on voit ici travailler pour
la haute couture, ils servent la
sculpture, la musique, la mode.
Eux aussi se rangent au
service de la beauté et de la
culture.

THE VISITORS ARE REMINDED
THAT IT IS STRICTLY PROHIBITED
TO TOUCH THE STATUES

L'air de Paris doit nourrir l'inspiration. Sinon verrait-on tant de peintres amateurs dan ses rues, d'élèves-peintres assidus aux séances de pose à cette Académie de la Grande Chaumière qui perpétue la tradition de Montparnasse, e tant d'élèves-sculpteurs se retenant de remodeler de leur propre main le « Baiser » de Rodin parce que l'écriteau su le socle leur interdit formellement de toucher la statue ? Peint aux couleurs de Paris (et de la France), obligeant ses propres échafaudages à la dignité esthétique, le Centre Beaubourg (double page suivante) impose, en plein cœur du Paris de la Sainte-Chapelle et de la Tour Saint-Jacques, une nouvelle idée de l'art et de son rôle dans la vie de la cité.

Nous sommes à Saint-Germain-des-Prés. Deux cafés, une brasserie y dessinen un triangle qui a beaucoup compté dans la géographie du Paris culturel des années qui ont précédé et suivi la guerre de 1939-1945. Le Café des Deux-Magots, la Brasserie Lipp en face (ici aperçue par-dessus le plateau du garçon, à travers la porte-tambour des Deux-Magots), et le Café de Flore. Non, cette voiture de sport très fils-à-papa n'est pas le cabriolet décapotable de Jean-Paul Sartre (!) — qui d'ailleurs ne fréquente plus Saint-Germain-des-Prés depuis belle lurette. Les jeunes lecteurs et lectrices attablés à la Palette, autre café de Saint-Germain-des-Prés, sont peut-être les Sartre et Simone de Beauvoir de demain.

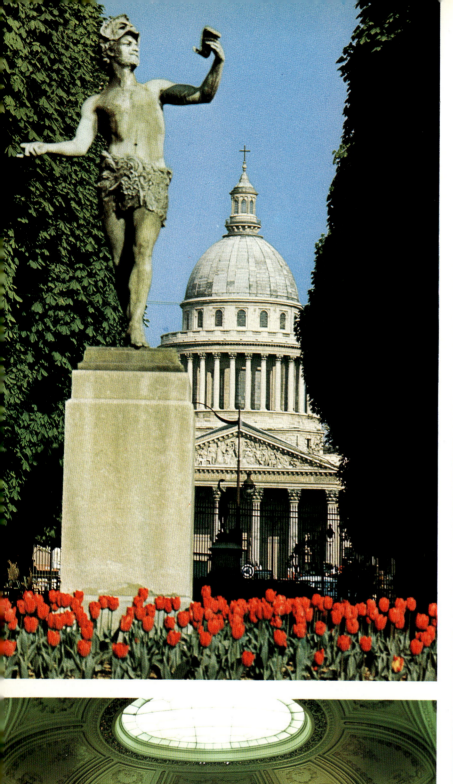

Le souvenir des Grands Hommes enterrés au Panthéon ; l'assiduité aux cours, qu'ils se déroulent comme ici dans un amphithéâtre de la Sorbonne ou dans un autre des multiples amphithéâtres et salles des autre facultés et écoles ; et le farniente très décontracté proposé comme intermède dans les jardins du Luxembourg, composent cette atmosphère singulière qui ne se respire qu'au Quartier Latin. N'oublions pas le gentil faune, que la perspective fait ironiquement parader devant le Panthéon : il a son mot à dire.

Le revoilà, ce faune. Non, ce n'est pas le même. Mais qu'importe, il agit. L'émoi, le frisson, la turbulence saisissent les étudiants pour l'amour ou pour la politique. On embrasse, on étreint, on manifeste pour les travailleurs immigrés ou contre la bombe atomique, on conteste et l'on brocarde. Dans ce guignol gauchiste, les CRS ont remplacé les pandores qu'il importe de rosser. Paris retrouve là une de ses traditions : la gouaille anticonformiste.

La turbulence peut se faire émeute,
l'émeute, Paris connaît. Les murs vocifère[
les rues s'engorgent de jeunes foules au cou[
à coude et prêtes à se casquer des casques[
moto pour résister aux matraques policière[
Paris bouge. Il hurle. Il chante. Ça ne[
termine pas toujours aussi bien que dans[
bal à l'Ecole des Beaux-Arts (double pa[
suivante), où la tradition culturelle réclar[
que le pince-fesses se déroule dans la jovial[
d'un pittoresque bigarr[

# Paris aux cent visages

« A la plus belle ! » Et la pomme roula vers Vénus. On a reconnu quelle pomme. Pas celle d'Eve. Celle de Pâris, le beau berger de Troie, qui devait, plus tard, enlever la belle Hélène de Sparte en un rapt que suivirent les retombées militaires que l'on sait. Enée, son frère aîné, fonda Rome ; Pâris fonda Paris, sans doute après que Hercule eut amené les Parisii à la croisée des chemins — il importe de concilier les légendes à seule fin de leur donner un semblant de cohérence historique. Il est satisfaisant, surtout pour les Français habitant Paris, que la ville-nef doive quelque chose de sa naissance à un play-boy qui, dans la femme, préféra à l'intelligence de Minerve, à la force de Junon, la beauté de Vénus. Fidèle au choix de cet illustre parrainage, la ville se devait de devenir la capitale de l'amour et de ces plaisirs qui en tiennent souvent lieu. Ah ! les petites femmes de Paris.

Ne nous hâtons pas de rire. Du bonnet de Pâris le phrygien, saluons la présence en crête de viande crue sur le crâne du coq gaulois. Et saluons sa présence sur le chef du sans-culotte révolutionnaire qui, de même qu'il chaussa le pantalon contre la culotte des aristocrates, coiffa le bonnet phrygien contre le tricorne du marquis. Vénus, mère mythologique de Paris par pomme interposée, arbora donc le bonnet rouge. Ce qui signifie en clair que le goût des grâces féminines et des revendications rebelles forment le fond du caractère parisien.

Seulement voilà : le Parisien existe-t-il ? Je ne suis pas Parisien bien qu'habitant Paris. Mon père était Parisien bien qu'il eût, dès ses études terminées, abandonné Paris pour le village de Beauce où je suis né. Mais il était né à Paris, aux Batignolles. Naître à Paris ne suffit pas. Il faut être natif de Paris, c'est-à-dire que les parents doivent être aussi nés à Paris. Si ce n'était pas le cas de mon grand-père monté d'Auvergne, c'était le cas de ma grand-mère, fille de Montmartre. Grâce à ma grand-mère Céline Bory, papa était Parisien de Paris.

C'est plus rare qu'on ne pense puisque c'est l'affaire d'une seconde génération. Dans la majorité des cas, les habitants de Paris sont encore moins parisiens que moi, puisque aucun de leurs parents n'est « né natif » de la cité-nef. Ils sont « montés » de leur province à une date plus ou moins récente. Ils apportent à Paris un sang neuf et une vigueur rustique, une énergie, une ambition, dont Paris a toujours eu le plus urgent besoin.

La plupart d'entre eux résistent au moins le temps d'une génération, parfois deux, à l'assimilation totale. Ils ne se fondent pas comme métal mou dans un creuset. Ils gardent les caractéristiques de leur province, surtout s'ils se trouvent assez nombreux entre « pays ». Ils prennent possession de certains métiers − les originaires de la Creuse, de l'Indre, de la Corrèze se trouvent dans les travaux publics, les Gascons dans l'administration, les Corses dans les services des douanes ou de la gendarmerie, ceux de l'Aveyron, du Cantal et de la Lozère prolifèrent dans la limonade, et les fouchtri-fouchtra d'Auvergne dans le « bois-et-charbon » souvent doublé, en ces temps de chauffage au fuel, d'un café-tabac.

De la même façon que les étrangers − Juifs d'Europe centrale ou de Russie dans le quartier du Temple, Espagnols du côté des Ternes, Arabes entre Barbès et La Chapelle −, les provinciaux forment une « colonie » à l'intérieur de Paris, avec des quartiers de prédilection généralement jouxtant leur gare de débarquement : les Bretons autour de Montparnasse, les Auvergnats autour d'Austerlitz. Ces groupes − plus exactement ces regroupements de « Parisiens » de province − se serrent les coudes, ils se tiennent chaud, entretenant la communication entre eux et la terre natale par des journaux publiés à Paris, des associations formées à Paris, des réunions, des banquets, des fêtes − avec élection de la reine des Vosgiens du Cinquième ou de Miss Bougnat − qui se déroulent à Paris et participent du folklore parisien. Et tout ça, ça fait Paris, sinon des Parisiens.

Voici venu le moment de répondre à ma délicieuse vieille dame suédoise. Sous le masque, quel visage ? Derrière les lumières de la Ville Lumière, quelles coulisses ? En d'autres termes plus pressants, sous le fabuleux mirage des palais et des tours, des voies triomphales et des hauts rites de la culture et du luxe, que se passe-t-il à Paris pour les gens qui y vivent tout bonnement ? *Ordinairement,* quel temps fait-il à Paris ? Fait-il beau ? Fait-il gris ?

Ce Paris des jours comme ils viennent n'a plus grand-chose à voir avec le Paris des touristes. Non, le Parisien de Paris ne se fait pas « tirer le portrait » par un peintre place du Tertre à Montmartre. A-t-il jamais mis les pieds au musée du Louvre ? Non, le Parisien de Paris ne monte pas à la Tour Eiffel. Ce n'est pas non plus le Paris du Tout-Paris, Paris des boulevards de luxe et des beaux quartiers, et qui, parce qu'il semble toujours en représentation, coïncide souvent avec le Paris de la culture et des visites commentées à l'usage des touristes. A côté de ce Paris de l'Ouest qui règne entre Faubourg Saint-Honoré et Opéra, entre rue Royale et place Vendôme, c'est le Paris des quartiers de l'Est, auquel s'est aggloméré le collier des villages avalés par la Grand-Ville et qui, tant bien que mal − plutôt mal que bien, hélas (les bulldozers et les bétonnières n'ont pas plus de sentiment que de mémoire) − ont essayé de conserver leur église, leur place et sa ronde d'arbres, leurs ruelles et impasses. Belleville et Charonne, Bercy, Grenelle, Vaugirard, La Villette, les Batignolles − salut, grand-père.

C'est Paris pour qui la ville n'est ni une vitrine, ni un parking, ni une halte pittoresque, mais un lieu où respirer, travailler et vivre. Et Montesquieu savait déjà que, si Paris pouvait être la ville du monde la plus sensuelle et où l'on raffine le plus sur les plaisirs (ô toi Vénus qui fais cascader les vertus !), ce pouvait être aussi la ville où l'on mène l'existence la plus dure. « Pour qu'un homme vive délicieusement, il faut que cent autres travaillent sans relâche. ) Ah, Paris, chère vieille dame polaire.

C'est le Paris pour qui le laborieux vacarme de la cité compte plus que le joyeux fracas de la fête, et c'est un éreintant tintamarre. Ce n'est pas le Paris des taxis mais le Paris des bus et des métros − le receveur et la poinçonneuse de tickets ont disparu du paysage, tués par l'automatisme. C'est le Paris de ceux à qui ceux qui se lèvent tard ont fait croire que Paris appartenait à ceux qui se lèvent tôt − tu parles ! − et qui, par conséquent, se couchent tôt puisqu'ils ne peuvent s'offrir le luxe de se coucher tard. Bref, c'est le Paris du métro-boulot-dodo. Et c'est vrai que ce Paris-là boulonne plutôt qu'il ne travaille, râle ou rouspète plutôt qu'il ne proteste ou réclame, rigole plutôt qu'il ne s'amuse.

Car ce Paris-là − Paname pour les Parisiens − a sa langue, son accent. C'est l'argot − l'argomuche. On ne l'entend pas dans les avenues où trop souvent, surtout à l'Ouest, dominent les immeubles de rapport, où les « commerces de bouche » manquent par trop de « standing » et où le bistrot, inconnu, s'appelle salon de thé. On peut l'entendre sur les boulevards, ceux de l'Est. Mais on l'entend, le plus souvent dans les faubourgs. Pas le Saint-Honoré ni le Saint-Germain bien sûr. Mais le Saint-Martin et le Saint-Denis, le Saint-Marcel et le Saint-Antoine. Il est alors prononcé avec l'accent qui sied, le grasseyant accent faubourien.

C'est dans la rue que se fait le Parisien. C'est là où le provincial habitant Paris se mêle à l'habitant de Paris né à Paris et à l'habitant de Paris natif de Paris (le vrai Parisien). Ils respirent le même air − et les idées qui y flottent, ils foulent le même pavé. A la longue, un caractère commun, ou plutôt des traits de caractère communs se sont formés. Un bon bec − qui ne le sait depuis Villon ? − il n'en est que de Paris. *Bon bec ?* Traduisons : fine bouche et forte gueule. Déjà l'empereur Julien, chef des légions de Gaule, appréciait de Lutèce son peuple qui honorait fièrement Mars (voilà pour la forte gueule) et (voici pour la fine bouche) fort convenablement Vénus et Bacchus.

Individualiste − et la forte gueule fronde, brocarde, rouspète ou chante sur les barricades. Et très sociable, au point de s'attrouper pour un oui ou pour un non afin de ne manquer aucun spectacle. Le gamin Gavroche est aussi badaud.

Le mobilier urbain dans les rues de Paris change avec les époques. L'avertisseur téléphonique (le flic de service aurait-il repéré un des mauvais garçons du quatrième arrondissement ?) est postérieur à l'édicule créé sous la Restauration à l'usage des vessies masculines et baptisé Vespasienne en hommage à l'empereur romain inventeur des urinoirs publics. La Vespasienne se meurt. Mais l'automobile prospère, qui rend la traversée du piéton plus périlleuse que la plongée souterraine de l'égoutier.

RUE DES MAUVAIS GARÇONS

Le mot le plus parisien de Paris, bistrot (ou bistro) serait un nom d'origine russe ! Les cosaques du tsar Alexandre campant en 1815 sur les Champs-Elysées criaient aux gamins qu'ils envoyaient leur chercher à boire, bistro ! bistro ! (vite, vite !). Les Parisiens préfèrent que leur cher bistrot dérive de ce mélange de café et d'alcool qu'on appelle « bistouille ». Ils ont raison. Le bistrot, c'est le contraire de la précipitation, c'est le refus de la hâte pour la halte, c'est le repos, le refuge pour la pause, c'est l'escale.

es fleurs, l'apéro, la petite belote
ue l'on « se tape entre copains », la
garette au coin des lèvres et les ar-
èges du « piano à bretelles », il n'en
ut pas plus au populo parisien pour
ue la fête commence.

« A la fraîche ! A la fraîche ! » Dommage que la bande sonore manque à ces images. Que notre œil se fass[e] oreille. Il entendra les boniments des marchands de plei[n] air appâtant le chaland, le di[a]logue rigolo, et souvent vert, qui s'échange avec la clientèl[e] et, peut-être, avec un peu d'indiscrétion, les confidences mutuelles des deux ménagère[s] qui ont interrompu leur marché pour une petite « pause bistrot ».

Paris a faim. Paris dévore. Paris aime
viande. Où qu'il se trouve dans le monde,
Parisien soupire après son « biftèque (po
mes) frites ». Et peu lui importe de contrar
l'étymologie au point que le « beef » de s
« steak » soit du chev
Et sans doute lui importe-t-il encore mo
qu'il y ait scandale à transformer en viande
boucherie la plus noble conquête de l'homn

ROUX

CHEVALINE

# BOULANGERIE

**PAINS FRANÇAIS**

**ANGLAIS VIENNOIS**

**GRUAU ET SEIGLE**

**PAINS CHAUDS**

**POUR DINERS**

**CROISSANTS CHAUDS**

A 4 HEURES

AU BON PAIN D'AUTREFOIS

Spécialité de PAINS
de CAMPAGNE & de SEIGLE

AU LEVAIN

(Double page précédente)Paris aime aussi le pain, Tous les pains. Du petit pain à la « baguette » que la ménagère serre sur son cœur, pendant que dialoguent avec leur yeux le chien et la fillette et que l'homme de demande qui et avec quoi il va bien pouvoir vider sa bouteille. La jeune boulangère qui tourne le coin de la rue, sa panière au bras, livre-t-elle de ces pains qu'on appelle « parisiens » ?Scènes en rouge. La tripe ? C'est le boyau, l'estomac, le foie, bref tout l'organe d'animal qui n'e pas viande proprement dite e pourtant comestible. Ces deu. femmes qui conversent, la ménagère au ménage et la ménagère aux commissions, débattent-elles de leurs malheurs privés, du coût de la vie ou de leur prochain menu biftèque frites ou tripes à la mode de Caen ?

*Le passé se mêle partout au présent. Et si étroitement, et depuis si longtemps, que la Porte-Saint-Denis sert tout naturellement de passage canalisant la circulation ; que les vieux hôtels de la rive gauche respirent comme vous et moi ; et que les lanternes à la potence desquelles on menaçait jadis de pendre les aristocrates attendent la nuit pour éclairer paisiblement les passants.*

Paris tient à sa réputation de
ville accueillante. Elle se
souvient aussi d'avoir été
métropole coloniale. Au pied
du Sacré-Cœur de
Montmartre, le quartier de la
Goutte d'Or abrite des
Africains, noirs et blancs ;
cette auxiliaire de la police
parisienne, qu'on surnommait
« aubergine » à cause de la
couleur de son uniforme (cette
couleur a changé), est
antillaise. Quant à cet Arabe
non européanisé, il demande (à
moins que ce ne soit le chemin
de la mosquée) si la France
mérite toujours sa réputation.

Tous les particularismes ont droit de cité, de
viande casher à la coiffe bretonne. L...
provinciaux sont ici chez eux tout en resta...
eux-mêmes. La Bretonne se rend à la fé...
paroissiale de l'église Saint-Roch dans...
costume qu'elle mettrait à Quimper ou...
Landerneau. Et qui ne sait que tous les « B...
et Charbons » de Paris sont l'apanage d...
Auvergnat...

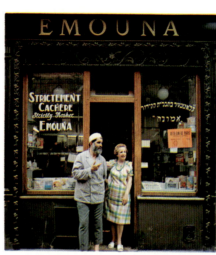

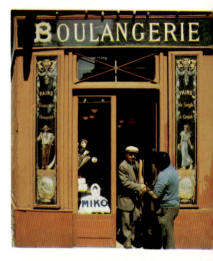

La colonne Morris est cet
édicule tubulaire sur lequel
l'adjudicataire fait afficher les
spectacles de Paris. Pourquoi
Morris ? Parce que, ainsi
s'appelait le premier
adjudicataire. Mais à Paris, le
spectacle s'offre aussi ailleurs
que dans les lieux spécialisés
— ne serait-ce que celui donné
rue Saint-Louis-en-l'Isle —
par l'un de ces petits métiers
de la rue comme le rémouleur,
ou par un accordéoniste
nostalgique dans une cour
miraculeusement déserte du
vingtième arrondissement.

Les jardins, les squares n'offrent pas que la détente de leurs feuillages. Les petites et les grandes personnes y trouvent de quoi transformer leur détente en distraction. Et bascule le cheval de bois. Et tournent les manèges. Sous le kiosque, la police de Paris, abandonnant pour un moment sifflet et bâton blanc, se fait musicienne.
La musique cède au bruit, au tintamarre secouant un fracas de couleurs et de lumières quand c'est la foire qui s'installe et règne.

*éritiers des foires médiévales, les baladins et*
*s bateleurs qui battent aujourd'hui le pavé de*
*aris, se souviennent des gestes de leurs*
*intains prédécesseurs. La pantomime, la*
*ague, et leur drôlerie volontiers*
*respectueuse flottent dans l'air qu'ils*
*spirent. Et le public, uni en cet instant en*
*re collectif, est peuple de Paris.*

*Laissons la place des Vosges à ses songe[s]*
*L'accordéon soupire, les pipelettes bavarde[nt]*
*sous les arcades qui ont vu passer Victo[r]*
*Hugo ; les amoureux n'entendent plus [le]*
*frisson soyeux des fontaines — ne sont-ils p[as]*
*seuls au monde ? Il est vrai que les Parisie[ns]*
*se sont portés à l'autre bout de Paris (doub[le]*
*page suivante). Sur les Champs-Elysées. Po[ur]*
*y applaudir les champions de ce Tour [de]*
*France que Paris a réussi à transformer e[n]*
*course parisienn[e]*

# Le décor et la fête

Du spectacle permanent qu'est Paris, quelles cartes postales enverrais-je à ma délicieuse vieille dame neige et glace ? Aucune qui puisse la désenchanter — d'ailleurs, existe-t-il des photographes assez masochistes pour tirer des images désobligeantes d'une ville qu'ils aiment, même si leur amour reste assez lucide pour ne pas tomber dans la propagande complaisante et déplaisante ? Le Paris qui fleurit dans le cœur de ma Suédoise est le « cliché » du Paris fin de siècle. Eh bien, illustrons ce cliché.

De chaque côté de la ville, on a aménagé de vastes jardins-promenades : à l'Est, le bois de Vincennes, populaire puisqu'il est à l'Est ; à l'Ouest, en bordure des arrondissements chics, le bois de Boulogne — deux lacs, quatre cent mille arbres, allées cavalières, chalets, pavillons, restaurants, avenues conçues pour la parade des équipages. Les Boulevards ont perdu leur caractère artiste et bohème pour réunir les grands établissements financiers, les magasins de luxe, les cafés élégants où s'épanouit cette forme particulière de l'esprit français qu'on appelle l'esprit boulevardier et qui amalgame la gauloiserie, la gouaille, l'ironie frondeuse et le calembour.

Les marionnettes s'agitent, qui, toutes soupirent ou fredonnent selon le moment ou leur humeur : Ah, Paris... Dans ce Paris-là, votre Paris, chère madame polaire, il a plu des grands ducs et des archiduchesses. Ce fut le beau temps des incognitos. Le champagne à quatre francs la bouteille, quatre francs-or, y ruissela, on chanta, on dansa — la polka, le cancan, la mazurka, au Bal Bullier (non loin de Montparnasse), au Bal Mabille (en plein cœur des Champs-Elysées) illuminé comme pour une fête du gouvernement. Un journaliste s'écrie (ne l'écoutez pas, madame, c'est un grincheux) : « Paris que l'on avait surnommé la tête de la France n'en est plus que les jambes. »

Le Second Empire mourut. Mal. Très mal. Ne nous attardons pas, chère délicieuse madame, Paris qui souffre, Paris qui pleure, Paris qui saigne, n'est plus votre Paris. Souriez, puisque la fête continue. Et la fête continua puisque le décor restait le même — à part quelques monuments pétrolés par les pétroleuses de 71, mais chut. Avec quelques retouches dans l'allure générale et les accessoires. Le modern' style exalte le tentacule de pieuvre, le frisson d'algue, la volute de fumée sur céramique glauque avec iris penché et sirène flavescente. Les entrées de métro en demeurent les monuments les plus fidèles. Les maisons de couture mobilisent tout un peuple d'ouvrières, « petites mains », arpètes, trottins, midinettes (parce qu'elles se contentent à *midi* d'une *dînette*), qui frétille, mignons minois et fines « gambettes » sous le nez des messieurs des beaux quartiers.

A présent, faisons le point comme pour préciser une photo un peu floue. Des détails sont à modifier bien sûr, les mœurs changent, c'est même à cela que l'on reconnaît que ce sont des mœurs. Mais rien n'a changé — ou si peu que rien — dans les lignes générales. Toujours cette lumière de perle. Ce gris, qui n'est pas le gris Trianon ni le gris gorge-de-pigeon ni le gris-souris : c'est le gris de Paris. Toujours ces lumières du Paris qui n'est le *Paris by night* que pour les touristes ou les noceurs, mais pour les habitants et les amoureux de Paris reste le Paris des promenades nocturnes cœur à cœur avec la ville.

Il y a peu de ténèbres à Paris. Assez tôt dans l'histoire, les rues ont échappé peu ou prou à l'empire de l'ombre. La lanterne balancée par le vent au-dessus du ruisseau médian ou plantée au bout d'une potence dans le mur d'une maison (on pouvait y pendre fort commodément le quidam coupable du crime de lèse-Paris et, le crime de lèse-liberté, Paris le compte parmi les crimes de lèse-Paris), les grosses bulles de porcelaine laiteuse englobant le papillon du gaz, le bec de gaz, surtout, le « réverbère » (parce qu'il était équipé d'une plaque reflétant la flamme crachotante) ont été de vrais personnages de la rue parisienne. Ils éclairaient la marche chaloupée du noctambule en goguette ; ils enrichissaient en dialogue le monologue du clochard en mal de conversation amicale. Et puis ce fut le « fiat lux » de l'électricité, bonne marraine ruisselant d'ampoules en colliers de perles ou en gouttes éblouissantes, avant la calligraphie en tubulures de néon.  \

C'est sous cet éclairage inséparable du spectacle, même en plein jour (les lumières éteintes, les réverbères restent, et les candélabres à grappes de globes), que Paris mêle l'histoire et le folklore, le grandiose et le populaire. Au gré de ses rues, car à Paris, ce sont vraiment les rues qui décident. Balzac l'a bien vu, qui a tout vu de Paris. « Il est dans Paris certaines rues déshonorées autant que peut l'être un homme coupable d'infamie ; puis il existe des rues nobles, puis des rues simplement honnêtes, puis de jeunes rues sur la mentalité desquelles le public ne s'est pas encore formé d'opinion ; puis des rues assassines, des rues plus vieilles que de vieilles douairières ne sont vieilles, des rues estimables, des rues toujours propres, des rues toujours sales, des rues ouvrières, travailleuses, mercantiles. Enfin, les rues de Paris ont des qualités humaines et nous impriment par leur physionomie certaines idées contre lesquelles nous sommes sans défense. »

La rue du Parisien, c'est d'abord la rue de son quartier. Et il faut vivre à Paris pour savoir combien il est important d'être ou de ne pas être, ô Hamlet, du quartier. C'est la rue où l'on fait ses achats — me comprendrez-vous, chère madame, quand je vous écrirai, au dos de mes cartes postales, qu'il y a des rues où l'on fait ses emplettes, des rues où l'on fait ses courses, et des rues où l'on fait ses commissions ? La rue, c'est le salon pour la causette entre ménagères, le cabas au bout du bras (ça s'appelle « taillez une bavette »). C'est le terrain de jeux pour les gosses — mais de moins en moins, à cause des dangers de la circulation : les billes et la marelle se sont réfugiées dans les squares et les terrains équipés pour le sport, où elles retrouvent la pétanque des adultes. La rue, c'est surtout la rue que l'on suit pour la navette entre son boulot et son chez soi. Cette navette ne va pas sans pause, et cette pause avant ou après le travail ne va pas sans le bistrot, parfois baptisé bar pour faire américain, c'est-à-dire moderne.

Il y a bistrot et bistrot. Ne s'appelle pas bistrot la brasserie riche avec personnel féminin. Ni le café-restaurant des larges avenues sur le trottoir desquelles la terrasse peut se déployer avec ampleur (ah ! manger dans le trottoir, chère madame du Pôle). Si le bistrot comporte terrasse, elle est maigre, un seul rang de tables coincé entre mur et ruisseau. Sur le zinc (comptoir qui est aujourd'hui en tout ce qu'on veut, sauf en zinc), dans le claquement des percolateurs ou les coups et sonneries du flipper, on y boit le café-tasse, le petit noir, ou le petit blanc, ou le ballon de beaujolais nouveau, ou le pastis, avatar autorisé de la « fée verte », l'absinthe qui tua Verlaine. Si l'on mange au bistrot, on n'y fait que « casser la croûte », à moins que la patronne, reine des ragoûts et des sauces, excelle dans cette cuisine de famille qu'on appelle cuisine bourgeoise.

Le bistrot continue la rue. Il la complète en lui offrant un abri. C'est là qu'on y côtoie le chiffonnier qui a fini d'explorer les poubelles de l'aube d'un crochet circonspect ; la concierge « en commissions » ; la marchande des quatre-saisons qui se repose d'avoir chanté les mérites de la légume et de la fleur entassées dans sa voiturette à bras, tandis que, dehors, sur le trottoir, le marchand de frites joue de l'écumoire dans le pétillement de sa bassine d'huile bouillante.

Et si l'on en croit les chansons — il faut les croire, délicieuse madame, — aussi vivants, aussi parisiens que la rue à Paris sont les ponts et les toits. Sous les ponts coule la Seine, oui, mais le clochard y vit aussi, et tous les vagabonds. Ils s'y chauffent à un feu de cageots et de journaux en sifflant à la régalade une bouteille de rouge — pardon : un kil' de pinard — et en déjeunant d'un saucisson et d'un camembert — pardon : en bectant d'un sifflard et d'un calendos.

Quant aux toits de Paris... C'est une tradition du Paris-bohème. Ils abritent la jeunesse et l'amour, l'éternel étudiant avec l'éternelle Mimi Pinson. Combien cette image est cruellement fausse ! Mais je suis comme vous, chère délicieuse vieille dame de Suède, comme elle me colle au cœur !

Patchwork mêlant monument
et drapeaux, les couleurs du
ciel de Paris aux trois couleur
de la France. La Tour Eiffel,
Napoléon, Jeanne d'Arc, le
génie de la Liberté, l'Arc de
Triomphe, l'Obélisque, Notre
Dame cherchent à capter
l'attention.
(Double page précédente)
Les contrastes amusent —
comme celui qui oppose à la
majesté impériale de l'Arc du
Carrousel la bonhomie de ces
deux ouvriers profitant de
l'heure du déjeuner pour jouer
à la pétanque. L'insolite, le
clandestin enchantent. Qu'un
garçon, à la terrasse du
Fouquet's, sur les Champs-
Elysées, cherche son pourboir
sur la table que vient
d'abandonner le client, ou que
le cuisinier du restaurant des
Beaux-Arts joue sur le pas de
sa porte avec sa fille et son
chien, on voudrait — clac —
fixer cette scène à jamais sur
l'écran de notre mémoire.

Oasis renouvelé que le Marché
aux Fleurs de l'Ile de la Cité.
Il métamorphose le quai de la
Seine en parterre multicolore.
Le peintre, lui, le transforme
atelier et les bouquinistes en
librairie. Mais les bouquinistes
ne sont pas de simples
marchands. Inséparables du
vent des saisons et du murmure
de l'eau qui coule, ils font
partie intégrante du décor,
puisqu'ils sont les quais de la
Seine et la Seine, c'est Paris.

*Ils tiennent du ciel de Paris qu'ils habitent de leur familiarité et de leur insolence. Rien ni personne n'intimide le pigeon ou le moineau de la capitale. Ils ont partout des complices parce que les Parisiens leur pardonnent la souillure de leurs crottes pour le bonheur de les voir animer les feuillages, les pelouses, le pavé, et conférer à la dignité compassée des statues la malice délurée du titi parisien.*

*Paris-sur-Seine. La Seine ne se contente pas de traverser Paris. Elle l'embrasse. C'est elle qui a transformé la ville en navire. (Double page précédente). Moins encombrée qu'autrefois, la Seine reste une artère vivante. Des bateaux l'utilisent, pour la promenade — comme ce bateau-mouche surchargé par les touristes l'été, — ou pour le trafic commercial — comme cette péniche qui transporte par surcroît la voiture du marinier. Le rythme, bien sûr, n'est plus le même qu'à terre. Sa lenteur n'est tout de même pas telle qu'elle provoque le bâillement. Incriminons plutôt, chez ce bouquiniste marchand de gravures, la lassitude de l'attente.*

Il arrive que les monuments, en se donnant la réplique, riment. Ainsi, les dômes des Invalides et du Panthéon. Mais la rime proposée par le dôme de l'Institut, entre la façade sud du Louvre et l'église de Saint-Germain-des-Prés, reste sans réponse. Il est vrai que ce dôme se suffit à lui-même, poème à lui seul puisqu'il est la fameuse coupole sous laquelle tant d'écrivains rêvent de se retrouver assis en habit vert. Ils goûteront alors à la pompe des honneurs officiels dont le passage de la Garde républicaine montée sur le pont Notre-Dame permet l'évocation furtive.

*Monte là-dessus, dit la chanson, et tu verras
Montmartre. Ah, Montmartre !
Le Sacré-Cœur et la masse meringuée de ses
coupoles, dôme, clochetons et campanile
provoquent de pieux pèlerinages qui côtoient
— ça c'est Montmartre ! — les fêtards de la
bamboula nocturne. Il y a peu, les artistes, les
hommes de lettres, attirés par le pittoresque de
ce village perché sur une butte si célèbre
qu'elle est devenue la Butte, et par la liberté de
l'existence qu'on y pouvait mener, faisaient
régner à Montmartre la vie de bohème.*

Il n'y a pas de Métropolitain à Paris. Il y a le métro. Il est, par naissance, « belle Époque » puisque la première ligne Porte de Vincennes-Porte Maillot fut ouverte au public en juillet 1900. Chaque année il transporte les Parisiens par milliers de millions. Ses rames circulent de la petite aube jusque tard dans la nuit dans le gruyère qu'est le sous-sol de Paris. Accessoirement, ses stations, sur la voûte desquelles se déploie la tentation d'une publicité omniprésente, servent d'asile de nuit — en effet très bon marché.

Ici repose le clown improvisé, il a gardé son maquillage pour le prochain numéro de mime qu'il va donner, entre deux passages de rames et deux patrouilles de flics, à un détour du couloir souterrain.
Double page suivante : Délicieux moment de la balade vespérale sur les quais. Ce jeune homme penché sur sa feuille si blanche dans l'air que le soir rosit, ce ne peut être qu'un poète ou un dessinateur, puisqu'il s'est assis rive gauche sous le pont des Arts, face au musée du Louvre.

Tous les toits de Paris
n'abritent pas des amours
juvéniles ni les peines des
misérables. Du Grand-Palai
la Madeleine, de la Madelei
à l'Opéra, l'œil ricoche comr
ricoche un galet sur l'eau. Le
styles se heurtent sans doute
mais ils se mêlent et finissen
par s'harmoniser. La silhoue
brumeuse de la Tour Eiffel
unie aux frondaisons des
Tuileries ne choque pas plus
que la fanfare de la police
municipale de la Ve
République dans le décor trè
Grand Siècle de la place
Vendôme.

*Voici le « crépuscule du soir ». « Valse
[mé]lancolique et langoureux vertige », a chanté
le poète. La Ville Lumière commence
d'allumer ses lampes, ajoutant au classique
« réverbère » devant les Invalides, les
[ca]ndélabres « kitsch » du pont Alexandre III.
[...]La rampe s'éclaire pour le spectacle qu'est le
Paris by night. L'obélisque ignore
[su]perbement l'indifférence désinvolte des trois
bonnes sœurs se hâtant de profiter du peu de
[jou]r qui traîne encore pour traverser le pont de
la Concorde (double page suivante).*

*Et c'est la féerie qui éclate. Les Champs
Élysées sont collier de perles ruisselant sous l[e]
clip rectangulaire de l'Arc de Triomphe. Le[s]
enseignes lumineuses proclament que, la nui[t]
à Paris, le cheval se montre aussi fou que l[a]
plus folle des bergères, que Jimmy vou[s]
étonnera toujours par sa nouveauté et qu'i[l]
vous sera possible, si vous en éprouvez le dési[r]
à minuit, de rêver d'Andalousie[.]*

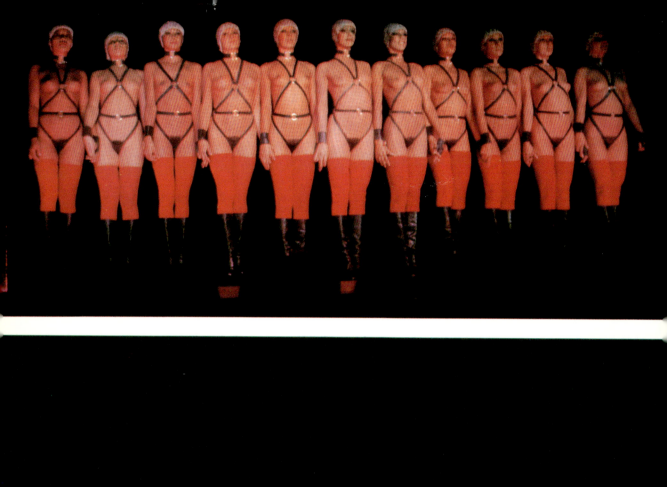

*u Crazy Horse Saloon, le bataillon des « girls »
'abandonne le garde-à-vous quasi militaire que pour la
ambrure la plus piaffante. (Double page précédente).
*u Moulin-Rouge, règne la tradition du French Cancan.
Paris est une blonde », cela aussi se chante. Femme,
*ille fois femme, Paris des plaisirs de la nuit tend vers
*otre regard le dessous de ses jupons (quand il y a un
*upon) en provocant dahlia de crème fouettée. Paris n'a
*lus alors qu'à s'ingénier à les copier en fleurs de feu
*ont il griffe, comme d'une signature, le noir du ciel.*

# Paris grimace

Ça fait plus de deux mille ans que ça dure, Paris.

Il n'y a pas que les civilisations qui soient mortelles. Les villes aussi. Voyez Babylone, Thèbes, Persépolis, Carthage. Comme toute métropole aujourd'hui, Paris est malade, et malade de la maladie des grandes métropoles : l'apoplexie — il lui faut éviter le coup de sang — et la défiguration. En proie à une spéculation hideuse, effrénée, qui dévore les jardins, construit un appartement de trois pièces-cuisine-w.c. dans un ancien salon, un building de douze étages (quand ce n'est pas vingt) dans un jardinet, un parking dans une cave, la Ville Lumière grimace. En perdant son visage, elle perd son âme, sa lumière s'éteint. A Paris, on ne fait pas de l'urbanisme, on fait du pognon. Dans le même temps, parachevant Haussmann, on finit de supprimer le Paris rouge en le diluant dans les cités-dortoirs de la grande banlieue.

La Cité-Nef se meurt, la Cité-Nef est-elle morte ? Elle flotte encore, va-t-elle sombrer ? Vidé de son peuple actif, Paris ne sera-t-il bientôt plus qu'un musée réservé aux pèlerinages respectueux à l'ombre des souvenirs respectables, dans le cliquetis des appareils photographiques *made in Japan* et le bourdonnement polyglotte d'une admiration disciplinée ?

Pour moi, comme pour tout Parisien, il y a une fatigue de Paris. Je me réfugie alors dans mon village. Où, bien sûr, très vite, j'éprouve le besoin de Paris. J'ai fait ma vie de cette navette. Je respire Paris, sa lumière liquide de ville-barque, où les mouettes de la mer viennent donner de l'aile comme dans la mâture d'un vrai navire dans un port ouvert sur le large. « Respirer l'air de Paris, cela conserve l'âme », disait Hugo. Hugo-le-Grand donne le signal. A nous les poètes ! Le plus parisien d'entre eux, Baudelaire, risque cet aveu : « Paris, capitale infâme dont le charme me rajeunit sans cesse. » A quoi fait écho un autre Parisien, d'adoption celui-ci, l'Américain H. Miller : « Paris, ville-femme, moyeu de l'univers, adorable cancer du monde. »

Je pense à ma délicieuse interlocutrice du fin fond du golfe de Botnie. Pour toute réponse à son « Ah Paris » d'amoureuse, j'ai envie de chanter avec l'accent parigot de Mistinguett et en levant la jambe : « Paris sera toujours Paris ! » Comme disait (à peu près) Montaigne. Lui, Montaigne, ses jambes, il les montre dans un square, juste devant la Sorbonne, on dirait une réclame pour une marque de bas. Il ne se sentait français, disait-il (c'est gravé dans le marbre de son socle), que par cette grande cité. Et il ajoutait : « Je ne crains pour elle qu'elle-même. »

Jean-Louis Bory

Photographie et mise en page **Bernard Hermann**

Texte **Jean-Louis Bory**

Imprimé à Singapour par Toppan

Achevé d'imprimer Avril 1986

Dépôt légal deuxième trimestre 1986

N° d'Editeur 298